# CLAUDII IMPERATORIS

ORATIO

SUPER CIVITATE GALLIS DANDA

EDIDIT

## CAROLUS ZELL

UNIVERSITATIS HEIDELBERGENSIS PROFESSOR

LUGDUNI

EXCUDEBAT AIMÉ VINGTRINIER

M. D. CCC. LIII.

# CLAVDII IMPERATORIS ORATIO

Nscriptiones veteres romanæ in aere et lapidibus literis consignatæ ut olim a doctis viris non sine multo labore magnis voluminibus comprehensae acerrimo studio tractabantur, ita hodieque non desertæ jacent, sed neutiquam in communi rei publicæ literariæ usu pro eo, quem præbent fructum, satis frequentari videntur. Nam si ex ejusmodi monumentis nonnisi reconditæ quædam vel singulares rerum notitiæ peti possent, jure doctissimi cujusque vel otio vel peculiari studio relinquerentur: quod secus est. Ut enim voluptatis sensum taceam, quo perfundimur, quoties germanas e media antiquitate superstites reliquias contemplamur, pertinent veteres tituli ad omnes publicæ vitæ et privatæ partes, ad omnia fere scribendi genera, ut et literarum latinarum complementum efficiant et apta ratione juncti atque distributi vivam et spirantem totius antiquitatis effigiem exprimant. Quapropter tantum abest, ut epigraphices studium in reconditioris eruditionis sinu latere debeat, ut in clara communis usus luce collocandum et ad omnibus qui romanæ antiquitati cognoscendæ qualemcunque operam navant, nedum ab iis, qui hanc provinciam administrandam susceperunt, non mediocri cura colendum videatur. Sed commodis adminiculis et subsidiis quibus primum adeuntibus via ad fructuosam hujus rei tractationen aperiatur, adhuc caremus, vel in his tam multis copiosissimis veterum titulorum collectionibus et in tanto voluminum eodem pertinentium numero. Nam præter Zaccariæ (1), viri in hoc genere doctissimi, Institutionem lapidariam, alius liber, quantum scio, non exstat, quo epigraphices latinæ studium apte auspicari possimus. Verum is ipse liber inter nos rarissimus est, atque ut bonæ frugis plenissimus et accuratæ doctrinæ laude conspicuus, ita in tractatione et rerum explicandarum ordine plura habet, quæ emendanda videantur. Collectiones contractiores, eidem usui inservientes habemus Fleetwoodii (2), Patavinam (3) et ampliorem illam, qua Orellivs (4) nuper admodum de literis egregie meruit. Sed prima et altera ægre apud nos inveniuntur; Orelliana spissior est, quam ut iis potissimum, qui primum hanc studiorum partem attingunt, accomodata sit; singulæ autem, ut mihi quidem videtur, et meliori ordine digerendæ erant, et aptiori delectu, (nam et apud Orellivm, etsi consulto, vel gravissimæ et ad rerum cognitionem utilissimæ inscriptiones omittuntur) et in tota operis conformatione non usquequaque iis fortasse satisfaciunt, qui aditum ad hanc nobilissimam et fructuosissimam studiorum partem quam facillimum et comodissimum esse voluerint. Quapropter jam diu demiratus sum, in tanto scribentium nostra ætate numero neminem adhuc

---

(1) Istituzione antiquario-lapidaria. *Rom.* 1770 et *Venet.* 1793. 8.
(2) Sylloge Inscriptionum antiquarum. *Lond.*, 1691, 8º. *Amstel.*, 1696, 8º.
(3) Romanarum Inscriptionum fasculus, cum explicatione notarum, in usum juventutis. *Patavii*, 1784, 8º.
(4) Inscriptionum Latinarum selectarum amplissima collectio. edid. Jo. Casp. Orellius. *Turici*, 1822, 2 vol. 8º.

hanc Spartam sortitum ornandam suscepisse, præsertim postquam hic suppelectilis nostræ literariæ defectus, neminem earum rerum intelligentem latens insuper a Friderico avgvsto Wolfio indigitatus esset. (1) Atque quum neminem alium huic rei operam dare vidissem, ipse ejus perficiendæ consilium aliquot abhinc annis cepi, quod jam eo perductum est, ut nunc Introductionem in veterum inscriptionum latinarum notitiam fere integram in chartas conjectam et Chrestomathiam epigraphicam uni modico volumini includendam, omnibus partibus designatam habeam.

Cui negotio cum mihi maxime intento initium esset indicandum scholarum in hac nostra Academia per semestre æstivum habendarum, quod boni, credo, ominis causa et ut cives nostros aliquo industriæ documento excitemus, aliquid commentando scribendoque fieri assolet: quid aliud potius tractandum sumerem, quam aliquid ex iis studiis, quæ me hoc ipso tempore detinerent? Delegi igitur monumentum romanæ antiquitatis, quod hac opportunitate usus accuratius explicarem, et cognitu haud uno nomine dignissimum neque peculiari opera adhuc a quoquam pertractatum. Est Oratio Claudii Imperatoris, quæ dici solet, De civitate Gallis danda, quam a rerum scriptoribus et antiquariis nostræ ætatis fere neglectam Niebvhrivs pluribus Historiæ romanæ locis ab hac oblivione quasi vindicavit. Atque primum quidem disseramus, de inscriptionis conditione, fatis, editionibus, additis aliquot observationibus de Principum Orationibus, quoniam ad hoc ipsum genus inscriptio pertinet; tum de Claudianæ orationis occasione et argumento; postremum de Clavdii Imperatoris facultate oratoria et in universum et qualem hac oratione ostenderit. His præmissis, subsequentur Orationis reliquiæ, quantum fieri potuit emendatæ et commentariolo illustratæ. Quo toto in opere multum me adjuvit subsidia quaedam literaria, quibus carui, mecum communicando insignis Golberrii, in Curia regia Colmariensi Consiliarii, viri doctissimi, humanitas, quem patria, natione, muneribus publicis Gallia sibi ut suum, literis, doctrina, studiis Germania cum Gallia tanquam commune ornamentum sibi vindicat, universa res publica literaria egregie de se meritum agnoscit.

Inscriptio, quam explicaturi sumus, duabus tabulis æneis continetur, Lugduni anno 1528 auctore Menestrier, vel 1529 Sponio auctore in monte S. Sebastiani repertis. Qui in hac parte antiquissimam Lugduni sedem constituunt, haud absurde conjiciunt, stetisse ibidem curiam urbis, atque in ea has tabulas olim asservatas fuisse. Sed Menestrier, (pag. 7. libri infra laudandi) qui antiquissimum Lugdunum ideoque urbis curiam non hac parte, sed in altera Araris ripa fuisse contendit, in monte illo S. Sebastiani templum aliquod fuisse suspicatur, in quo hæ tabulæ ibidem erutæ, conditæ haberentur. Neque hoc contra fidem: nam nihil apud antiquos frequentius, quam tabulas publicas omnis generis in templis asservari. Emerunt, eodem quo inventæ erant anno, tabulas Decuriones urbis et in curia, ubi hodieque conspicitur collocarunt, narrante Menestrier pag. 108. De literarum ductibus et scripturæ genere nihil adnotatum reperio, nisi quod Sponius refert, singula verba punctis distingui, exceptis iis, quæ versum vel integrum paragraphum claudant; atque pone literas quasdam, ut O D Q non infra in pede literæ punctum collocari, ut nunc quibuscunque literis præcedentibus fieri solet, sed paulo superius ad mediam fere literam insculptum conspici. Utramque rem veterum inscriptionum propriam esse constat. Quin sunt rei lapidariæ periti qui contendant, punctum, etsi singulis vocabulis additum, in fine versuum tam constanti usu omitti, ut suspectæ eæ inscriptiones habendæ sint, quæ punctis etiam in fine versuum additis ab hoc usu recedant. Hæc est sententia Maffei (Ars critica lapid. p. 212. 214.); aliorum. Neque vero hæc suspicionis nota certa esse potest, cum tituli, quorum fides in dubium vocari nequit, hanc ipsam rationem sequantur. V. Museum Veronense p. 221. N. 4. Fabretti Inscript. p. 117. Hagenbvch Observat. criticae apud Orellivm l. l. Vol. II. p. 362.

§. 7.

Orthographia, si pauca eaque leviora exceperis, nihil inusitati habet. Quod ideo notatu dignum, quia in monumento ævi Claudiani, et quod ipsius Clavdii orationem continet, tres illas novas literas exspectaveris, quibus Imperator Grammaticus alphabetum latinum ditavit, Digamma œolicum, Antisigma et tertiam, de qua non satis liquido constat. (V. Tacit. Annal, XI, 14. Sveton in Clavd. cap. 41.) In publicis quidem instrumentis has literas Claudianas curiose usurpatas esse et per se patet et Tacitvs cum Svetonio affirmat. (2) Neque hodieque monumenta desunt, hujus inventi vestigiis insignita. Sed et alii ejusdem ætatis tituli supersunt, iique publice et in urbe ipsa confecti, qui vulgarem consuetudinem servant, ut Aquæ Claudiæ ins-

---

(1) F. A. Wolf Von einer milden Stiftung Trajans, vorzüglich nach Inschriften. *Berlin*, 1808, in praefatione. Schon längst hatten junge Philologen zu wunschen, es möchte ein neuer Fleetwood ihnen eine zu dem Studium der Epigraphik einleitende Auswahl von Inscriptionen besorgen, wodurch zugleich allerei lehrreiche und schätzbare Bruchstücke des Altherthums in erneuten Umlauf kommen würden.

(2) Tacit. l. l. Claudius tres literas adjecit, quae usui imperitante eo, post obliteratae, aspiciuntur etiam nunc in aere publicandis plebiscitis per fora ac templa fixo. — Sveton. l. l. extat talis scriptura in plerisque libris ac diurnis, titulisque operum.

criptio in porta Nævia (ORELLI N. 54.) et tabula honestae missionis (Ibid. N. 2652.) Quodsi igitur Romæ literæ Claudianæ vel in titulis publica auctoritate positis non ubique admittebantur, quid mirum si idem in provinciis factum videmus? Cf. ORELLII Collectio N. 648. 708. 713. Eadem causa est, quod et in hac orationis Claudianae exemplo lugdunensi non imperatorii capitis inventum sed communis consuetudo usurpatur. Quanquam fortasse hoc, quod superest exemplum, non Claudianae aetatis est, sed posteriori tempore de tabula authentica transcriptum. Ceterum has binas tabulas non integrum instrumentum continere, manifestum est. Ad orationem absolvendam, ad minimum tertia tabula opus fuisse suspiceris, et si Senatus consultum ejusdem argumenti additum erat, quod probabile est, orationi, etiam quartam tabulam ad minimum, adjectam credideris. Hactenus de monumenti materia, forma, scripturæ genere.

Primus edidit, quantum exquirere potui, PARADINVS (Mémoires de l'histoire de Lyon. Lyon 1573.). Inde BRISSONIVS in Opus suum praeclarum (De formulis (1592) p. 268), GRVTERVS in Thesaurum Inscriptionum (1602) p. DII. transscripserunt, atque jam antea ex eodem, ut videtur fonte, Lipsius in commentarios ad TACITVM (1574). An jam prima Editio Lipsiana TACITI habeat, atque si non habet quaenam harum editionum primum praebeat definire nequeo, quum non omnes ad manus sint. De tabulis antiquis exemplum denuo transscripsit SPONIVS (Recherche des antiquités de la ville de Lyon. pag. 170.) versione Gallica addita et paucis sed levissimi momenti observatiunculis. Denuo inscriptionem et aliquot locis emendatius descriptam dedit MENESTRIER in libro qui inscribitur: Histoire civile ou consulaire de la ville de Lyon. Lyon 1696. pag. 165. gallice vertit (p. 106.) et nonnulla ad explicandum monumentum attulit (p. 104. seqq.), neque vero satis accurate excogitata. Commendatur enim omnino hic liber eruditione potius copiosa, quam accurata et severa. Sequitur Editio Thesauri Gruteriani Graeviana (1707.); quae textui paucas notulas historicas, et conjecturas subjectas habet. Praeter TACITI editiones, quae Lipsium sequentes CLAVDII orationem receperunt, novissime eam exhibuit HAVBOLD (Monumenta legalia extra libros juris sparsa ED. SPANGENBERG Berolini 1830. pag. 190.); sed nihil interpretationis causa addidit. Quae omnia exempla nonnisi paucis locis, ut par est, inter se dissentiunt; lectionis varietatem accurate tamen enotatam infra proponamus.

Pertinet autem hoc monumentum, nunc quidem aliquanto accuratius a nobis, quam a viris doctis modo enumeratis, tractatum, ad Orationes Principum, igitur ad id publicorum monumentorum genus, quod juris romani publici et privati, quale sub imperatoribus fuit, magnam partem continet et a veteribus Jureconsultis frequentissime usurpatur. Nam cum Imperatores, quoties consulatum gererent, et praeterea ob tribuniciam potestatem jus haberent referendi ad Senatum, hoc jure ita uti solebant, ut aut ipsi orationes in senatu haberent, aut, si absentia vel alio impedimento distracti essent, a peculiaribus quaestoribus, qui Principis Candidati appellarentur, recitari juberent. Primis quidem imperii temporibus Principum orationes vim legum non induerunt, nisi Senatus consulto, quo confirmarentur, accedente. Sed pedetentim senatus auctoritate imminuenda et potentia principum ingruente, senatus confirmatio plerumque nihil nisi inanis imago erat, et principum orationes sive habitae in Senatu sive eodem missae, vel sine Senatusconsulto vim legis obtinuerunt. Quod etsi primus Theodosius lege edixit, jam multo prius usu invaluit. Duplex autem ejusmodi Orationum genus habebatur, alterum paucis verbis absolutum, quod nonnisi caput rei indigitaret, de qua postmodo plenum et solenne Senatusconsultum fieret; alterum uberius, quod et rationes legis ferendae, ejusque singula capita contineret. Cui quidem posteriori generi, quantum e reliquiis conjici potest, haec CLAVDII Oratio adnumeranda erit. Solebant autem Principum orationes non minus quam Senatusconsulta ipsa in aes incidi, teste Plinio in PANEGYRICO cap. 75. « Sed quid singula consector et colligo? quasi vero aut oratione complecti aut memoria consequi possim, quae vos, P. C., ne qua interciperet oblivio et in publica acta mittenda et incidenda in aere censuistis? Ante orationes principum tantum ejusmodi genere monumentorum mandari aeternitati solebant: acclamationes quidem nostrae parietibus curiae claudebantur etc. » Praeter exempla jubente senatu in aerario aut quovis alio loco asservata, res ipsa fert, etiam ad eas gentes, civitates, privatos, quorum intererat, tabulas ut Senatus consultorum ita Orationum Principum missas esse, aut ab ipsis curatas. Jam ecce de tot tabulis, orationes principum continentibus, hae unae Lugdunenses superstites. Notabile est in hoc genere adulationis documentum, quod Neronis primam orationem imperium auspicantis in senatu habitam, non tabulis aeneis sed columnae argenteae incidi senatui placuit, ac quotannis, quum novi Consules magistratum inirent, coram patribus conscriptis recitari. Sed, DIONE CASSIO narrante (Lib. LXI, 3. p. 981. Ed. REIMAR.), decreverunt hoc senatores, « tanquam boni principis imperium velut ex syngrapha habituri. » Sed de Principum Orationibus hoc quidem loco haec sufficiant,

---

(1) Quanquam quae ibidem p. 80. not. 16 de hac CLAVDII Oratione afferuntur, ad jus privatum non pertinente, emendanda sunt. Nam hae tabulae neque Leodii (Lüttich) asservantur, ut ibi operarum vitio legitur, neque a Lipsio primum editae, neque a SPONIO commentario sunt instructae.

de quibus post Brissonii (Select. Antiq. I, 16.) et C. O. a Boekelenii peculiarem de hoc genere commenta-
rium (Opuscula Lugd. Bat 1678. p. 109.) plures exposuerunt. Cf. Heineccii Antiquit. Jurisprudent. illus-
trant. 1, 2, 45. p. 65, Ed. Haubold. et qui uberior et accuratior hac quidem parte est Zimmern Geschichte
des römischen Privatrechtes. Tom. I. P. I. pag. 78. Idem nuper argumentum tractavit Alexander de
Bvchholtz, etsi ille quidem breviter sed docte, in Dissertatione Ad Orationem Divi Severi De potioribus
nominandis. Regiomonti Borussorum. 1824. pag. 11. sqq. Inprimis vero consulenda est Dirksenii Commentatio: Ueber die Reden der römischen Kaiser und deren Einfluss auf die Gesetzgebung. (Rheinisches Museum für Jurisprudenz. 1828. Fascicul. I. p. 94 — 105.) Atque hi quidem viri docti, ut par est, potissimum
orationes principum respexerunt apud veteres Jureconsultos obvias. De earum Principum orationum auctoritate, fide, tractatione, quae apud rerum scriptores reperiuntur, Dirksenivs acute quaedam monuit (pag.
94. not. 1); sed haud supervacaneus labor esset, hoc posterius orationum genus peculiari opera denuo illus-
trare. Qua in re hoc ipsum monumentum lugdunense, ad Taciti certe quidem rationem cognoscendam, quam
plurimum valet, quia eamdem Orationem Claudianam Annalibus suis intulit, ut comparatione instituta intel-
ligere possimus, quam viam omnino in ejusmodi orationibus tradendis secutus sit. Sed hanc comparationem
ipsi infra instituemus; nunc de occasione, argumento, eventu orationis Claudianae videamus, quae omnia
Tacitvs Annalium Libro XI, cap. 23 — 25. nos docet, ut hanc quidem muneris nostri partem melius ad-
ministrare non possimus, quam potiora ex hoc ipso loco Taciti excerpendo et explicando.

Tacitvs igitur « A. Vitellio, inquit, L. Vipstano Coss. cum de supplendo Senatu agitaretur, primores-
que Galliae, quae Comata adpellatur, foedera et civitatem romanam pridem assecuti jus adipiscendorum in
urbe honorum expeterent, multus ea super re variusque rumor. Et studiis diversis apud Principem certa-
batur. » Jam eorum rationes afferuntur, qui jus honorum et dignitatem senatoriam non cum aliis quam cum
Italiae incolis communicanda esse contenderent. Deinde pergit Tacitvs (cap. 24): « His atque talibus haud
permotus Princeps et statim contra disseruit et vocato Senatu ita exorsus est. » Sequitur oratio Principis in
Senatu quam mox cum monumento ejusdem argumenti lugdunensi accuratius conferemus. Postremum addit
(cap. 25.): « Orationem Principis secuto Patrum consulto, primi Aedui Senatorum in urbe jus adepti sunt.
Datum id foederi antiquo et quia soli Gallorum fraternitatis nomen cum populo romano usurpant. »

Dolendum est hujus rei memoriam perquam memorabilis ad historiam et civitatis romanae et Galliae nullum alium scriptorem praeter Tacitvm nobis tradere. Quo accuratius ejus verba excutienda et ad statum
Galliae civilem qualis tunc fuerit, exigenda videbuntur.

Ac primum quidem teneamus causam cur de supplendo senatu tunc agitaretur, quoniam haec
ipsa res Gallorum precibus ansam dedit. Pertinet haec procul dubio ad censurae munera,
quam Clavdivs eo tempore singulari studio gessit. Quod vel inde patet, quoniam Tacitvs,
ubi de jure honorum Aeduis tributo narravit, continuo nulla alia re interposita, tradit vetus-
tissimum quemque e Senatu a Caesare in numerum patriciorum esse adscitum; atque sub-
jungit: « Laetaque haec in rem publicam munia multo gaudio Censoris inibantur. » Quum igitur Clavdii
Censoris in Senatu legendo severitate (cf. ibid. cap. 25.) plures Senatu moti essent, primorum Galliae comatae studia excitabantur, qui hanc opportunitatem vacuas in curia sedes occupandi cupide arriperent.
Perficiendi vero spem eo magis fovere poterant, quod Imperator Clavdivs, Lugduni in ipsa Gallia Comata natus, popularis eorum esset. Jam quid potissimum hac occasione expetitum sit, liquet: nempe jus
honorum, sive, quia honoribus functis aditus in senatum patebat, jus senatorum ut Tacitvs l. l. 1. 25. nomine minus solenni vocat, ergo complementum illud plenae civitatis romanae, quod petentibus, civitatem
non optimo jure habentibus adhuc deerat. Petierunt igitur idem jus, quod Galli Provinciae Narbonensis
jam pridem obtinuerant, ut taceam de Gallis Cisalpinis, qui jam dudum et Cispadani quidem post bellum
Marsicum, Transpadani Julio Caesare Dictatore plenam civitatem adepti erant. V. Lips. ad Tacit. Annal.
XI, 23. In Gallia autem Narbonnensi qui civitatem romanam haberent, iisdem et jus honorum fuisse, demonstrat Taciti locus Annal. XII, 23. quo Senatoribus ejus provinciae privilegium aliquod concessum esse
traditur, tum id quod haec ipsa Clavdii Oratio de colonia Viennensi, ejusque cive Valerio Asiatico continet vers 9 — 16. Tab. II. Quid quod et praeter Lugdunenses, quos Oratio Clavdii significat, ex ipsa Gallia Comata aliquot Senatores romani jam pridem prodiisse videntur, sed bellorum civilium tempore ex arbitrio Julii Caesaris Dictatoris. Is enim, Svetonio teste (Jul. Caesar. cap. 76.) « Civitate donatos et quosdam
e semibarbaris Gallorum recepit in curiam. » Unde illa vulgo canebantur (Ibid. cap. 80.): « Gallos Caesar
in triumphum ducit, idem in curiam: Galli braccas deposuerunt, latum clavum sumserunt. » Quanquam ea
omnia etiam de Gallia Narbonensi accipi possunt, quae et ipsa Gallia braccata appellabatur. Nunc a quibus
et in quorum gratiam petitio facta sit, paulo accuratius dispiciendum est. Primores Galliae, quos Tacitvs

vocat, prima fronte omnino eos intellexeris, qui opibus, auctoritate, gentis antiquitate et splendore inter populares suos excellerent. Neque ego hanc explicationem rejiciendam esse pronuntio; sed alio quoque modo hos primores intelligi posse, non reticeam, etsi adhuc nihil certi definire ausim. Nam si primores , quamvis dites, opulenti, potentes, privati homines sunt, qua tandem ratione foedera assecuti dici poterunt? Inde mihi suspicio nata est, hos primores Galliae intelligendos esse non privatos homines, sed civitatum in Gallia comata Decuriones sive Senatores. In Decurionum ordine sive in Curia praecipuarum certe quidem urbium veterem nobilitatem Gallicam fuisse, cum Savignio (Geschichte des römischen Rechtes im Mittelalter T. I. p. 55.) haud temere credideris. Similis ratio olim fuit in municipiis italicis, in quibus Augusto imperante non omnes cives romani, sed tantum Decuriones municipiorum jus suffragii in comitiis Populi romani exercebant, adeoque cives romani optimo jure habebantur. V. Sveton. Avgvst. cap. 46. Savignivs l. 1. p. 22. Sed ut hoc sit, primores illi Galliae civitatem etsi non optimo jure romanam jam assecuti, sive privatos homines sive nonnisi Ordini Decurionum sive Curiae adscriptos intelligas, jus honorum quo ad civitatem optimo jure obtinendam adhuc carebant, non his vel illis Galliae civitatibus, nedum universis Galliae incolis petierunt, aut in eorum gratiam assecuti sunt, quae fuit doctorum quorumdam opinio; sed hoc potius expetiverunt, ut solum ii inter Galliae Comatae incolas , qui civitatem romanam, (quam non homines de plebe, sed plerumque genere, fama, opibus conspicuos habuisse, par est), eamque adhuc non optimo jure, sed jure honorum carentem haberent, jam plenam eamdem, jure honorum, quod viam senatoriae dignitatis aperuit, addito, consequerentur.. Eorum autem, qui hoc expeterent, duplex genus cogitandum esse videtur. Civitatem enim romanam alii aut ipsi pridem assecuti erant aut a majoribus jam acceptam tenuerunt, iique majorem partem eorum constituisse censendi sunt, qui hanc novam juris honorum accessionem peterent; alii, iique pauciores civitatem romanam habebant jure oppidorum, quorum cives essent, puta Coloniarum romanarum, quae tamen tempore Clavdii paucissimae, non plus quatuor in Gallia Comata reperiuntur, Lugdunum, Colonia Agrippina, Colonia equestris et Augusta Rauracorum. Quanquam de hac altera Gallorum civium romanorum classe mihi non satis liquido constat. Nam Lugdunum qua de re infra videbimus, romanam civitatem optimo jure jam tum fortasse habuit : reliquorum trium coloniarum jura non satis accurate novimus. Nam Lipsius quidem fallitur, qui ad hunc Taciti locum (Annal. XI, 23.) conjicit, universae Galliae Transalpinae, adeoque Comatae civitatem romanam, ab Augusto, sed sine jure suffragii et honorum datam esse; ad quam rem firmandam nullum aliud argumentum afferre potest, nisi quod Dio Cassius (L. LIV, c. 24.) narrat, Augustum rebus Gallicis, Germanicis Hispanicisque omnibus confectis, libertatem et jus civitatis aliis dedisse, aliis ademisse. Vero proprius, cautius certe quidem Spanhemivs in orbe Romano Exercitat. I. cap. 14. pag. 93. Ed. Heinecc. « Comatae, inquit, Galliae ac Transalpinae, proinde primoribus, sed adhuc sine suffragio datam sub Augusto, dum Galliam nempe peragravit, vel nonnullis ante sub Julio, civitatem, nempe iis, qui de nomine Romano bene erant meriti non vero universis adhuc illius gentis oppidis, licet omnino statuere. »

Quemadmodum de petitionis a primoribus Gallorum factae argumento, ita etiam diversae et partim confusae opiniones habentur de ejusdem petitionis atque adeo de Orationis Claudianae eventu. Qua in re dirimenda Taciti locus ante omnia excutiendus (Ann. XI, 25), qui « Orationem, inquit, Principis secuto Patrum Consulto, primi Aedui Senatorum in urbe jus adepti sunt. » Ex ratione grammatica locum duplici modo intelligi posse, patet. Aut enim Tacitvs hoc sibi vult: nunc quidem jus honorum nonnisi Aeduorum primores adeptos esse, neque vero reliquos Galliae Comatae primores; eosque posteriori demum tempore aliquando hoc jus obtinuisse. Aut ita dicit: omnes Galliae Comatae primores jus honorum, quod expetiverint, consecutos, sed primos inter eos Aeduos. Ac mihi quidem haec posterior sententia placet. Non enim solis Aeduis Princeps hoc privilegium oratione sua a Senatu petivit, sed omnibus Galliae Comatae primoribus; neque usquam a Tacito significatur aut rei ratio innuit, Senatus-Consultum quidquam contra Principis orationem statuisse. Enumerabantur, ut mihi rem informo, in hoc Senatus-Consulto, singuli Galliae comatae populi et singulae civitates, quorum primores civitatem romanam etsi sine jure honorum nacti , jam idem civitatis jus honorum jure cumulatum obtinuerint. Qua in enumeratione datum est id foederi antiquo et populi dignitati, ut omnium primi Aedui appellarentur. Jam considera, quo jure olim Lipsio, aliis, visum sit atque hodieque non in uno libro tradatur, hoc Senatus-Consulto Orationem Claudii secuto universae Galliae Comatae (non solum singulis ejus gentibus primoribus civitate jam præditis) civitatem romanam optimo jure concessam esse. Manavit is error e Senecae loco male intellecto (De Benef. VI, 9.) « Quid ergo? Si Princeps civitatem dederit omnibus Gallis, si immunitatem Hispanis, nihil hoc nomine singuli debebunt? » Seneca enim de civitate Gallis et de immunitate Hispanis data non tanquam de re vere facta loquitur, sed hoc exempli causa ponit. Hoc ita esse demonstrat vel alius Senecae locus (Apocolocynt. p. 818.) ubi Clotho, ita loquens de Clavdii morte inducitur. « Ego me Hercule pusillum temporis adjicere illi (i. e. Clavdio) volebam, dum hos pauculos, qui supersunt civitate donaret. Constituerat enim omnes

Græcos, Gallos, Hispanos, Britannos togatos videre. Sed quoniam placet aliquos peregrinos in semen relin-
qui et tu ita jubes fieri, fiat. » Unde satis apparet, CLAVDIVM universae Galliae civitatem, etiamsi fortasse
id agitantem, non vere dedisse. Denique rem conficit PLINIVS, qui (Histor. Nat. IV, 17) post CLAVDII æta-
tem Galliam Comatam describens, varias ejus gentes et civitates accurate distinguit liberas, foederatas, latina
oppida et romanas colonias. Jam dudum explosit SPANHEMIVS (Orbis roman. I.; 16 p. 95.) hunc Lipsii er-
rorem, ab aliis propagatum, ut jure mireris hodieque in libro usu frequentato eumdem novo errore adauc-
tum reperiri. (SICKLER Handbuch der alten Geographie. pag. 36. VIII. Ed. I.)

Quæ adhuc disputavimus viam muniant ad intelligentiam orationis Claudianæ , cujus nunc argumentum
et dispositionem partium breviter adumbremus et cum ea oratione, quam TACITVS CLAVDIVM habentem in-
ducit, conferamus. In priori, quæ dicitur, tabula, ab initio manca, Princeps orator, ne novitas rei causæ
Gallorum noceat, persequitur omnes fere formarum et statuum vicissitudines , quas res publica romana
ab origine amplexa sit, ut novitatis scrupulum Patribus conscriptis eximat. In altera tabula ab initio et ipsa mutila Tiberii Cæsaris meminit, bonos et locupletes viros undique e coloniis et municipiis in senatum re-
cipientis; etiamsi Italici senatores provincialibus præstent. Tum pro exemplo proponit coloniam Viennen-
sem in Gallia Narbonnensi, senatorum romanorum altricem, nominatim laudans L. Vestinum et tecte sed
acerbe notans Valerium Asiaticum, utrosque Viennenses. Deinde Senatorum interpellatione a diverticulis in
viam reductus, ubi Allobroges, atque adeo extra Galliam Narbonensem Lugdunum jam senatores Romam
mittere commemoravit, tandem aliquando per tot ambages causam Comatae Galliae agendam ita adgreditur,
ut eos ob bella cum Romanis olim gesta excusat, et fidem eorum tam diuturnam et firmam erga Romanos
dilaudet, quam Druso quoque (Principis Patri), censum per Galliam agenti præstiterint. Cujus census men-
tio ansam præbet, ut suam ipsius Censuram commemoret. Atque hoc ipso loco hæc altera tabula clauditur.
Vides igitur haud pauca desiderari, quæ superiori parte harum binarum tabularum et aliis, præter eas,
continerentur.

 PVD TACITVM (Annal. XI , 24) CLAVDIVS a majoribus suis orsus demonstrat, semper ita fac-
tum esse, ut terminis imperii propagatis peregrini in Senatorum numerum acciri solerent,
quod accuratiore enumeratione persequitur et salutari consilio institutum probat. Excusat
deinde Gallos ob bella contra Romanos antiquo tempore suscepta; laudat continuam fidem et
pacem post hæc bella servatam. Postremum novae rei invidiam deprecatur exemplis ex antiquitate petitis.

Ex hac duarum orationum collatione satis clare apparet, haud parum unam ab altera recedere; singula persequi non vacat, sed potiora exponam. Primum igitur TACITVS ea sententia, id est, novitatis rei ex-
cusatione, orationem claudit, a qua authentica Principis oratio incipit. Contra senatorum exempla e pere-
grinis accitorum, quæ TACITVS in priori orationis parte proponit, in lugdunensi monumento, si receptum
tabularum ordinem sequimur, in posteriori orationis parte afferuntur. Sed etiamsi TACITVS addendo, de-
mendo , refingendo Principis non elegantissimi judicii orationem limaverit, nescio an non ejus ordinem
plane invertere voluerit. Jam vero hæ tabulæ æneæ numeros insculptos non habent, qualibus singulæ
ejusdem instrumentorum tabulæ nonnunquam insigniri solebant, ut videre licet in reliqua Tabula Hera-
cleensi numerum III. præ se ferente. Quapropter suspicor tabulam lugdunensem , quæ priorem locum in
omnibus libris obtinet, posteriori loco ponendam esse, et rursus alteram tabulam priorem habendam. Quod
si admiserimus hac quidem parte dissensus inter TACITI orationem et hanc germanam Claudianam tolletur.
Quæ autem TACITVS de Atto Clauso habet et de jure honorum paulatim Italicis populis et parti Galliarum
concesso, ea cum tabulæ superiori parte interciderunt, aut alia tabula continuit. Nec minus alia quædam
quæ in brevius contracta TACITVS conjungit, in nostris tabulis desiderata, per unam alteramve tabulam
amissas sparsa fuisse conjicias. Neque vero transposuit solum TACITVS sed plura præcidit, quæ Princeps su-
perflua vel inepta addiderat, ut longam illam novarum rerum enumerationem , quæ diverso tempore in
rem publicam introductæ essent, et familiarium cum eorum liberis nimium quantum alieno loco interpo-
sitas commendationes. Ceterum hoc exemplo clare elucet (et vel hanc ob causam hæ tabulæ notabiles)
quam rationem TACITVS in orationibus, quas operibus suis inclusit, componendis secutus sit; nempe eam,
quæ omnino antiquis rerum scriptoribus placuit, tabularum et monumentorum parum curiosis et qui orationes potius ad elegantiæ sensum et ex convenientiæ judicio libere effingerent, quam accuratam in con-
quirendo et describendo diligentiam adhiberent. In tota autem hac tabularum cum oratione Tacitea com-
positione, persuasum habuimus , utriusque orationis, etsi tractatione diversæ, camdem esse occasionem,
idem argumentum. Atque hoc ita esse, res ipsa loquitur et omnes qui hoc monumentum ediderunt aut
adhibuerunt sine ulla dubitatione statuunt, præter unum MENESTRIER (l. 1. pag. 104. et 108.), qui etsi om-

nibus idoneis argumentis destitutus asseverat, has tabulas plane aliam orationem CLAVDII continere occasione et argumento diversam, quam quae apud TACITVM legatur: hanc enim in Aeduorum gratiam , ut jus honorum adipiscerentur, habitam esse; sed orationem tabulis æneis consignatam Principem in Senatu alia occasione habuisse, cum Lugdunum de municipio ut colonia fieret suaderet. Quæ opinio cuique tabulas cum TACITI loco vel obiter comparanti continuo falsa apparebit, ut pluribus eam rationibus refellere supersedeam. Satis est meminisse argumenti orationibus in Tabula II. v. 31. haud obscure indicati his verbis: « Sed districte Comatæ Galliæ causa agenda est; » ut reliquas rationes omittam, quibus omnis de ea re dubitatio si quam quis habeat, tolli possit.

Restat, ut de facultate oratoria CLAVDII exponamus, quæ qualis nobis videatur, jam in Tacitea oratione cum his lugdunensis monumenti reliquiis conferenda modo significavimus. Sed ne ex uno specimine de Principe oratore injuste judicemus, circumspiciamus veterum scriptorum testimonia. Atque in hac quidem causa locupletem testem habemus TACITVM, qui loco satis memorabili (Annal. XIII, 3.) adnotat, Neronem primum ex iis qui Romæ rerum potiti essent, alienæ facundiæ eguisse, et deinceps Principum inde ab Augusto singulorum facultatem oratoriam brevi adumbratione exprimit. Ibi igitur de CLAVDIO, qui seriem Principum sua facundia utentium claudit, hoc judicium fert: « Nec in CLAVDIO, quotiens meditata dissereret, elegantiam requireres. » Eis certe quidem adminiculis ad artem oratoriam, quæ rerum cognitione et studio literarum continentur, non caruit CLAVDIVS. Quin constat eum non pauca opera historica condidisse latine et græce , ut commentarios de sua vita, historiarum rerum romanarum libros inde ab Augusti principatu, Ciceronis Defensionem (SVETON. CLAVD. c. 41.), Τυῤῥηνικὰ et Καρχηδονιακά (Ibid. cap. 42.), quæ quidem postrema scripta, eruditionem antiquariam et sedulitatem in reconditis rebus investigandis, qua delectabatur, satis exercuerint: de ejus studio grammatices jam supra locuti sumus. Nec minus iis exercitationibus operam dederat, quibus prima ætas ad artem oratoriam apud veteres formari solebat, et quidem non sine aliquo profectu, quod ex epistolis Augusti ad LIVIAM apparet, quas SVETONIVS nobis servavit, quibus nihil melius CLAVDII indolem repræsentat (CLAVD. cap. 4.), ubi hæc in epistola tertia leguntur: « Tiberium nepotem tuum placere mihi declamantem potuisse, peream, nisi, mea Livia, admiror. Nam qui tam ἀσαφῶς loquatur, qui possit, quum declamat, σαφῶς dicere, quæ dicenda sunt, non video. » Verum hæc omnia ut eum adjuvabant in orationibus meditandis et quadam eruditionis specie circumdandis, ita bonum oratorem efficere non potuerunt, cui ante omnia opus est sana mente, judicio sensuque recto. Sed his ipsis virtutibus ingenium CLAVDII mirum in modum caruisse constat, utpote turbatum, confusum, ineptum, inæquale, denique plane tale, quale THEOPHRASTVS (Character. cap. XIV.) sub ἀναισθησίας nomine tam vivide depingit. Vid. SVETON in CLAVD. cap 39. 40. Jam eorum omnium, quæ Claudianæ indolis propria esse rerum scriptores tradunt, insignia documenta in hac ipsa oratione deprehendimus. Doctum ibi se præbet et antiquarum rerum curiose peritum, sed abutitur eruditione et alieno loco eam jactat; orationis elegantiam non desideres, sed orator tam multa miscet a causa plane aliena, per tot ambages repit , ut vel servilem Senatorum suorum patientiam fatiget. Quapropter, etiamsi aliunde auctorem orationis nesciremus, germanum Claudianæ doctrinæ specimen facile agnosceremus. Etiam pronunciationis modum, quo in hac oratione habenda usus fuerit, nobis quodam modo informare possumus ; quanquam in hac oratoris effigie exprimenda diutius occupari, non admodum juvat. Dio enim CASSIVS (Lib. LX. c. 2. pag. 939. Ed. REIMAR.) ita tradit : ob corpus morbis obnoxium et quoniam tremore capitis et manuum laboraret, voce quoque hinc male affecta , non omnia ipsum sua voce pronuntiasse, de quibus in Senatu referret, sed recitanda fere quæstori dedisse ; quæ vero ipsemet pronuntiaret, ea sedentem plerumque recitasse. » Jam ut hanc adumbrationem colorum flore ornes, adde, quod ei Juvenalis (Sat. VI, 620.) tribuit : « tremulum caput . . . et longa manantia labra saliva » ; et vocem, qualem ejus SENECA (Apocolocyntos. p. 820. Lips. IV.) describit « nullius terrestris animalis, sed, qualis esse marinis belluis soleat, raucam et implicatam. » Sed hunc personatum Stoicum non dimittamus, quin foedi adulationis criminis manifestum accusemus. Nam qui CLAVDIVM defunctum ita traducit, idem de vivo in Consolatione ad Polybium, (cap. 33.), CLAVDII libertum, qui fratrem morte sibi ereptum lugeret, non erubuit inter alias adulatorias delicias quas facit, CLAVDII « assuetam facundiam » dilaudare, « qua omnium sapientium præcepta Polybio explicuerit. » (1)

---

(1) La dissertation de M. Zell est suivie du texte du discours impérial gravé sur le bronze de Lyon, et de notes dont le commentaire qui fait partie de cette monographie a reproduit les plus importantes.

# J. B. MONFALCONIO CAROLVS ZELL S.

UALIS sit communio eorum qui iisdem bonis artibus student, etiamsi locorum intervallis sejuncti, id nos uterque, vir ornatissime, invicem experti sumus. Quum tu enim Orationis Claudianae tabulam, praeclarissimum illud Lugdunense Romani aevi monumentum, splendidissimo opere, quod et ipsum luculentissimum est Lugdunensis munificentiae monumentum, illustrasses, ego autem de eadem inscriptione viginti fere abhinc annis commentationem edidissem : haec studiorum societas notitiae alterutrius occasionem, atque adeo necessitudinem quamdam nobis conciliavit. Quapropter quum nuper admodum literis ad me datis facultatem peteres, commentationis illius iteratae editioni operis tui inserendae, ego libentissime annui, quum de tuo et popularium tuorum judicio studiis meis favente valde laetarer, simulque exemplorum penuriam ejus commentationis ab aliis haud semel desideratorum hac opportunitate suppleri viderem. Sed iisdem literis ad me datis quum peteres a me, ut scriptionem meam augmentis si quae haberem et omnino secundis curis ornarem, ego primum excusavi inopiam meam, quia post illam commentationem editam non amplius accuratius huic monumento studium impenderam, tum alias occupationes, quibus detinerer non intermittendas. Postremum identidem a te ad operis participationem invitatus deesse nolui; atque ut voluntatem erga te meam et erga splendidissimam vestram civitatem comprobarem, has ad te literas dare commentationi meae subjungendas animum induxi. Noli tamen, vir ornatissime, exquisiti quidquam aut perpoliti exspectare ; hoc tantum mihi proposui ut paucis his pagellis summam quasi subducerem eorum quae adhuc de nobilissimo illo monumento Lugdunensi disputata sunt, brevi adnotatione indicans quid liquido in hac causa constet, quid amplius inquirendum restet. Quo quidem in recensu praeter tuam scriptionem inprimis egregium illud Boissievi opus de inscriptionibus Lugdunensibus (Inscriptions antiques de Lyon) maxime consului. Praeterea hanc provinciam a me susceptam ita administravi, ut nihil fere de meo adderem, sed ut ea tecum communicarem, quae novissime viri aliquot docti nostrates de Lugduni vestri origine et antiquissima conditione civili commentati sunt; in primis Augustus Wilhelmus Zumptius in quatuor libris *de Coloniis Romanorum militaribus, quos inseruit Commentationum epigraphicarum ad antiquitates Romanas pertinentium volumini primo. (Berolini, 1850, in-4°),* praesertim pag. 371, 411, 462, aliis locis. Quod dum facio, internuntii quasi et sequestris inter vestrates viros doctos et nostrates munere fungens, rem tibi non ingratam neque Lugduno vestro inhonorificam neque per se inutilem me facturum esse speravi.

De origine Lugduni hoc quidem certum et exploratum habemus coloniam esse a Munatio Planco deductam. Quae res ex celebratissimo Munatii Planci elogio constat, praeter alios à Boissievo nuper docte illustrato (Inscriptions de Lyon, p. 127 seqq.) (1); ipse aliquando de eodem commentatus sum in *Elogiorum Romanorum reliquiis a me editis Stuttgartiæ in bibliopolio Metzleri* 1850, insertis etiam libro qui inscribitur : *Die römischen Elogien und König Ludwigs von Bayern Walhallagenossen von Karl Zell, Stuttgart. Verlag der Metzler'schen Buchhandlung,* 1850. Sed omnium inter nostrates accuratissime et uberrime de hac inscriptione nuper admodum commentatus est Dr. K. L. Roth, professor Basileensis, in libro qui inscribitur : *Mittheilungen der antiquarischen Gesselschaft zu Basel. viertes Heft,* 1852. Cui inserta est commentatio ejusdem. *(Ueber L. Munatius Plancus Erklärung der Inschrist auf dem Mausoleum in Gaeta ; von. Dr. K. Roth.)* (2) Quae coloniae

---

(1) J'ai donné, dans la première partie de mon Histoire de Lyon, d'amples détails sur Munatius Plancus et sur les circonstances politiques qui ont amené la fondation de Lugdunum.

(2) Un des volumes de la Collection Lyonnaise que j'ai publiée contient, sur le monument de Gaëte, plusieurs pièces officielles, probablement inconnues à MM. Zell et Roth.

Lugdunensis deductio à Munatio Planco facta, ut in universum certa est et Senecae testimonio (Epist. 91), aliorum confirmata, ita de tempore ejus deductionis et occasione continuo quaestio quaedam oboritur. Legimus nimirum, ut constat, apud Dionem Cassium (XLVI, 50), Plancum et Lepidum, ut in Gallia detinerentur, jussos esse à senatu, Viennae civibus ab Allobrogibus aliquando pulsis, ad confluentem Rhodani et Araris qui consedissent, domicilium parare; cui senatus jusso ut obtemperarent, eosdem Lugdunum ad hunc ipsum confluentem condidisse. Jam quaeritur, utrum haec coloniæ deductio in elogio Munatiano commemorata eadem sit atque prima illa Lugduni oppidi origo Munatio et Lepido a Dione Cassio attributa, an ab eadem diversa. Plerumque haec bina eventa nomine diversa, re eadem fuisse putabantur. Contra nunc sentit Boissievus (L. c. p. 130), qui ita statuit: Lugduni oppidum a Munatio et Lepido communi opera esse, senatu auctore conditum; postea demum in oppidum jam conditum coloniam veteranorum militum esse a Munatio Planco deductam: colonias enim deducendas requirere oppidum jam antea condita, in quae deducerentur (l'établissement d'une colonie suppose une ville préexistante.) Haec utique consuetudo romana fuit, neque tam immutabilis, ut non etiam a colonis oppida, in quibus habitaturi essent, conderentur. Quapropter cautius de eadem re Zumptius in opere laudato, p. 451, pronuntiare videtur in hunc modum: « (Roma-
« ni) non Graecorum ratione novas civitates condebant, quas colonias esse vellent, sed veteres novis incolis
« frequentabant. Perpaucae enim coloniae aedificatae vere a colonis, veluti Lugdunum, Augusta praetoria,
« Augusta Taurinorum Italiae, Augusta emerita Hispaniae, Carthago Africae, Corinthus Graeciae, in quibus
« ipsis nescimus, an jam antea vel oppidula vel vici fuerint; aut peculiaris aliqua cura adhibita sit, ut vete-
« ranis deductio non agri modo, quos fructuosos alioquin esse constabat, verum etiam domus traderentur ».
Argumentum ejus sententiae, qua primam Lugduni civitatis originem et Munatii deductionem coloniae conjungendas esse adhuc putavimus, e Seneca peti potest (Epist. 91), qui utramque copulat eidemque anno assignat, quum scribit: « Nam huic coloniae ab origine sua centesimus annus est, aetas ne homini quidem extrema. A Planco deducta, in hanc frequentiam loci opportunitate convaluit. »

Neque vero solum de tempore, sed etiam de colonorum conditione Lugdunum deductorum quaestio moveri potet. Possit enim quis quaerere an praeter cives illos Viennenses patria pulsos, quos Dio Cassius Lugdunum traductos narrat, etiam milites veterani eodem deducerentur, quum *militum* quidem deductio diserto et expressis verbis nusquam, quantum scio, apud antiquos scriptores commemoretur. Nihilo secius ejusmodi deductio militaris locum habuisse putanda est. Haec enim eo tempore universa coloniarum deducendarum ratio fuit, ut veteranorum militum potissimum in gratiam deducerentur. Praeterea e Ciceronis epistolis (ad div. X. 22.) cognoscimus, quantopere Munatius Plancus agrorum divisionis se participem fieri optaret, veteranis assignandorum. Quapropter vel in hoc scriptorum antiquorum et monumentorum silentio non solum Viennenses cives sed etiam milites esse colonos Lugdunum deductos, Lugdunum militarem esse coloniam, non temere sed rationibus satis certis adducti nobis persuasum habemus. Antiquam quoque militum Lugdunum deductorum memoriam loco Taciteo (Hist. I, 65.) consignatam habemus, quo Lugdunenses gloriantur, « se coloniam romanam et partem exercitus esse, « contra Viennensibus objiciunt » cuncta illic externa et hostilia. (1)

Viennae nimium principes Allobrogum habitabant, qui cum bello Vercingetorigis fidem in Romanos servassent, a dictatore Caesare vel ab Augusta civitate videntur esse donati et Coloniae jure, admistis novis colonis, civibus Romanis (Zumpt, l. c. p. 370); Lugduni vero colonia cives habuit et Romanos Vienna pulsos, et milites veteranos eodem deductos; ideoque et romanam se et partem exercitus jactare poterat. Quapropter nescio an non Boissievus p. 134 satis recte explicet, qui « partem exercitus » ad militum numerum refert a Lugdunensi colonia praestandum. Atqui hactenus a Vienna non potuit differre Lugdunum, quum et Vienna esset colonia iisdemque oneribus obligaretur. Alia rursus quaestio est ad Lugduni originem pertinens, de Lepido, quem Dio Cassius Planco in hac colonia condenda socium assignat, reliqui scriptores silent; quae causa Drumannum Histor. Roman. I, p. 17, 350 adduxit ut Lepidi participationem in Lugduno condendo falsam et fictiliam pronuntiaret. (2) Sed quum Lepidus eo tempore Galliae Narbonensi praeesset non fieri non potuit, quin civium Romanorum rationibus Vienna, in sua provincia sita, Lugdunum traducendis operam daret, et in senatus consulto de hac causa facto nominaretur, etiamsi primariae partes Munatio Planco demandatæ essent, id quod recte observavit contra Drumannum Rothius l. c. p. 10, not. 25.

---

(1) Une des parties complémentaires de mon Histoire de Lyon a pour objet de prouver, par les plus irrécusables témoignages, que Lugdunum, colonie romaine dès son origine, n'a jamais été ni pu être autre chose. Si j'ai cru un moment, d'après des indices de peu de valeur, que cette ville avait été d'abord municipe, j'ai changé d'opinion et fait connaître amplement les motifs de ce changement.

(2) Cette association de Lepide à Munatius Plancus, pour la fondation de Lugdunum, m'a paru contraire à tous les témoignages historiques.

De prima Lugduni origine postremum etiam hoc quaeritur, utrum eo loco ubi colonia a Planco conderetur ad Rhodani et Araris confluentes oppidum aliquod jam antea fuerit, nec ne. Ut priores rerum Lugdunensium scriptores mittamus, qui splendidissimae urbi gallicae, quam finxerunt, coloniam romanam superstruxerunt, tu, vir ornatissime, vicos ibidem vel pagum jam ante coloniam conditam fuisse putas. (Monographie de la table de Claude; edit. in-8°, p. 24.); Boissievus locum mercatibus frequentatum fuisse conjicit (Inscript. de Lyon, p. 124) (1). Zumptii de ea re sententiam supra attuli. Utut hoc est, res ipsa docet, Viennenses cives expulsos non sibi locum plane incultum et desertum, quo confugerent elegisse, quo postquam se contulerunt, locum sua ipsorum frequentia habitatum reddiderunt. Eodem etiam nomen gallicum Lugduni spectat; quodsi enim colonia romana in loco ignoto, a hominum frequentia plane destituto condita esset, procul dubio non gallicum, sed romanum nomen nactum esset. De cujus gallici nominis significatione juvat nunc docti viri nostratis mihique amicissimi, Francisci Josephi Mone librum laudare (*Die gallische Sprache und ihre Brauchbarkeit: für die Geschichte von P. J. Mone, Archivdirector zu Karlsruhe. Karlsruhe*, 1851, p. 184), qui si quis alius inter nostrates omnem celticarum linguarum ambitum acri et diuturno studio perscrutatus est.

Quem quum de priore parte *(Lugd)* nominis Lugduni consulerem, (nam *duni* significatio satis certa est), edoctus sum, hujus quidem prioris partis significationem non aeque esse certam, derivari autem posse vel a voce wallica *Llug. splendor (gleam, source of ligth.* V. Owen Pughe, *Dictionary of the welsch language, Denbigh*, 1832, s. v. *Llug)*, ut Lugdunum, idem sonet, quod nomen germanicum haud infrequens *Lichtenberg (Leuchtenberg)*; vel a voce hibernica *Lugh, parvus,* (little: v. Edward O.-Reilly, Irish-english Dictionary, *Dublin*, 1817, t. 1. sub voce *Lugh)* ut Lugdunum sit *collis parvus*, (2) Postquam exposuimus, quae de natalibus coloniae Lugdunensis a Munatio Planco conditae vel certa historiae fide comperta habemus, vel conjectura assequimur, viri nomen occurrit, Munatii Planci nomen quamvis clarum etiam supergressi, quod et ipsum Lugdunensis coloniae incunabula illustrat; M. Antonii triumviri nomen dico. Sed de hac quoque re pauca tantum monumentorum fide comperta habemus, quae Boissievus pag. 125, 126 collegit. Eo pertinet nummus Antonianus Lugduni nomen prae se ferens et Senccae locus ubi imperator Claudius Lugduni natus, *Marci municeps*, vocatur quod male a nonnullis contra codicum fidem mutatum est in Munatii nomen. Nescio tamen cur Boissievus hunc nummum appellet; « une véritable médaille de fondation », quum Lugdunensis colonia a Munatio Planco non ab Antonio condita sit. Mihi nulla alia causa esse videtur, cur Antonius in hoc nummo Lugduni nomen cum suo nomine copulaverit, quam quia eo tempore, quo Galliae Lugdunensi sive Celticae ex prima illa orbis romani divisione inter triumviros facta praeerat, Lugduni potissimum commorabatur, quae sola erat colonia romana adeoque caput hujus provinciae, qua ex sede provinciam regebat.

Hactenus de Lugduni origine et incunabilis, jam de nobilissimae civitatis nomine videamus. Nomen aliquot mutationes subiisse monumentorum reliquiae hodieque ostendunt, etiamsi tempora harum mutationum non aeque certo definiri possint. De nomine Gallico Luguduni sive Lugduni supra monuimus, quod addito titulo *Coloniae* per aliquod tempus unde positum sine aliis additamentis esse videtur, quale in sarcophagi inscriptione apparet L. *Valerii Juliani Decurionis Coloniæ Lugdunensium*, (3) quam Boissievus affert atque propter hanc nominis simplicitatem antiquissimae coloniae monumentis jure adnumerat. Mox accessit nomen *Copiæ*, quod prae se fert nummus Julii Caesaris et Augusti capita occipite opposito conjuncta habens, nomine tamen Lugduni ut in serioribus monumentis aliis factum videmus, non addito. Sed hunc nummum vere ad Lugdunensem coloniam pertinere, neque ad Thuriorum coloniam in Lucania, quae et ipsa idem nomem *Copiæ* in nummis ostendit, non est quod dubitemus. Nam etiam Galliae Narbonensis coloniae, Vienna et Nemausus Julii Caesaris et Augusti capita hoc modo opposita repraesentant; nec usquam alibi quum solum modo in Gallicarum civitatium nummis ejus modi typus invenitur (v. Eckel Doctr. num. p. 1, vol. I. pag. 70-73). Nomen *Augustae* utrum statim ab initio conjunctim cum nomine Copiae, quod veri simile videtur in-

---

(1) Je crois avoir surabondamment traité la question de l'existence d'une ville antérieure à Lugdunum auprès du confluent du Rhône et de la Saône, soit dans l'histoire de Lyon soit dans cette monographie. Ce lieu n'était certainement pas un désert, on y voyait un certain nombre d'habitations ségusiaves, soit pour les marchés soit pour les commerçants en vins, c'est ce que j'ai dit ; mais il n'y avait pas là d'agglomération gauloise ayant un nom dé cité et surtout de ville ornée de temples et de palais ; c'est ce que je crois avoir démontré. Quant à une ville bâtie par Marc Antoine auprès de ce confluent, je crois avoir invinciblement établi plus haut, l'invraisemblance de cette conjecture.

(2) Une note de mon histoire de Lyon donne dix ou douze opinions diverses sur l'étymologie des mots LUG et LUGDUNUM, et il y en a d'autres encore ; la conséquence directe d'un nombre si grand d'hypothèses, c'est qu'on ne sait absolument rien de certain sur ce point. Je n'ai pas caché le peu d'estime que je fais de ces conjectures étymologiques et l'étonnement que me fait éprouver parfois la témérité des affirmations des archéologues.

(3) J'ai donné, dans l'histoire de Lyon, de nombreux renseignements sur ces mots LVGDVNVM et LVGVDVNVM, et taxé de quelque légéreté les écrivains qui ont bâti une ville, tout exprès pour se rendre raison d'une anomalie orthographique.

ditum sit, an aliquanto posterius, accurate definiri nequit. Quod si *Copia Augusta* conjunctim eodemque tempore colonia Lugdunensis appellata est, hoc ante annum 727 U. C. quo Octavianus Augusti nomen cepit fieri non potuit; atque intra annum 738-741 U. C. factum esse probabile fit, quo quidem temporis spatio Augustus in Gallia et Hispania commorabatur earumque provinciarum coloniis condendis ornandis operam dabat, Dione Cassio (L. LIV, cap. 23) teste, qui addit tunc temporis senatum civitatibus nomina honori causa attribuisse, qualia nunc sua aetate civitates non pro suo ipsarum arbitrio sibi quaeque arrogent. Inde ab imperatoris Claudii tempore solemne nomen est, ut constat, *Colonia Copia Claudia Lugdunensium* (C. C. C. Aug. Lug. Zumpt l. c. p. 371). Claudiae nomen Lugdunensem coloniam, utpote Imperatoris Claudii natalem nactam esse, non est quod miremur, neque vero quo anno, qua occasione, quo auctore hoc factum sit, satis compertum habemus. Zumptius l. c. qui Imperatorem Claudium coloniam supplevisse et adjuvisse scribit, id potius ex hac nominis participatione collegisse quam ex disertis scriptorum veterum testimonio, quae nulla affert, tradere videtur.

Jam nos commentationis nostrae cursus eo deducit, ut consideremus, qualis coloniae romanae Lugdunensis status civilis, quale jus publicum fuerit, quid de hac re liquido constet, quid vel post novissimas virorum doctorum curas adhuc inquirendum restet. In qua quidem re duplex nobis via patet ad verum inveniendum, altera considerantibus, quid scriptores veteres et monumenta de Lugduni ipsius conditione civili tradant, quae admodum pauca sunt, altera via nobis patet, eaque de universo Coloniarum statu et juribus comperta habemus ad Lugdunensem coloniam ratiocinando referentibus. Primum hoc inter omnes constat, coloniam civium Romanorum Lugdunum fuisse. Deinde hoc tenendum est, primam coloniae deductionem cives Romanos Viennenses Lugduni collocasse. Neque dubium esse videtur, quin hi primi coloniae Lugdunensis recens conditae cives iisdem juribus, eodemque statu civili uterentur, quibus antea Viennae usi essent, quum causa vix admitti possit, cur in pejorem conditionem detruderentur (1). Ad ejusmodi aequalitatem non minus quam communem colonorum originem fortasse pertinet, quod utraque colonia, ut supra adnotavimus, eumdem in nummis typum habebat. Mihi quidem non plane persuasit doctissimus Boissievus, qui Viennenses cives romanos e colonia ab Allobrogibus pulsos, plenitudinem juris, quo Viennae gauderent, locorum mutatione amisisse censet. Viennae autem colonia civitatem romanam optimo jure habebat cum aditu ad senatoriam dignitatem, cum jure igitur honorum, quod omnino Galliae Narbonnensis coloniae habebant. Hoc ita esse apparet ex imperatoris Claudii oratione (« ornatissima, inquit, ecce colonia valentissimaque Viennensium quam longo jam tempore senatores huic curiae confert ») tum ex locis Taciteis Annal. XI, 24. XII, 24. Quid quod disertum habemus Imperatoris Claudii testimonium de jure honorum Lugdunensibus non minus quam Viennensibus attributo, cujus haec sunt in oratione verba: « Quid ultra desideratis, quam ut vobis digito demonstrem, solum ipsum ultra fines provinciae Narbonensis jam vobis senatores mittere, quando ex Lugduno habere nos nostri ordinis viros non poenitet. » Neque enim mihi nunc ut olim Claudius tecte se ipsum significare his verbis videtur, sed a Boissievo meliora edoctus ego quoque haec verba recto et plano sensu de senatoribus romanis, civibus Lugdunensibus dicta nunc quidem accipio.

Lugdunum vero non simpliciter colonia fuit civium romanorum, sed colonia juris Italici, Paulo Icto teste, eoque solo, sed locupletissimo, qui libro II de censibus (Digest. lib. L, titul. XVI, 8, § 1) inter colonias juris Italici per orbem romanum sparsas, Lugdunenses enumerat, quum scribit. « Lugdunenses Galli item Viennenses in Narbonensi Juris Italici sunt. » Quo potissimum tempore Lugdunenses juris Italici participes facti sint, exacte definiri non potest. In coloniarum indice apud Plinium Galliae Narbonensis (Hist. nat. III, 5.) et Comatae (Ibid. IV, 31, 32.) simpliciter Coloniae, juris Italici nomine non addito, et Vienna et Lugdunum appellantur. Quapropter inde colligas fortasse, Lugdunenses et Viennenses post Plinii demum aetatem, qui anno p. Ch. 77 historiam naturalem absolvit, hoc beneficium nactos esse. Neque vero satis certa est haec ratio: nam Plinius etiam in enumerandis aliis coloniis notationem juris Italici omittit, generali coloniarum, municipiorum, oppidorum latinorum partitione contentus. Tum indicia sunt satis probabilia a Zumptio p. 196-197, exposita, quibus efficitur, Plinium omnino plenum et accuratum coloniarum quales suo tempore essent, ne sibi quidem concinnandum proposuisse, sed Augusti potius cosmographiam et Agrippae commentarios sequi. Quodsi Augustus primus hoc nomen juris Italici induxit, quae quidem sententia est Zumptii (l. c. p. 489), coloniae a Planco deductae statim ab initio hoc nomen nondum attributum esse videri debet. Italicum jus Lugdunensibus vel ab Augusto vel a Claudio datum esse par est. Zumptius, p. 490, rarissime factum esse observat, ut coloniae simul ac conderentur jus italicum acciperent; idque non-

---

nisi propter insignem aliquam causam factum esse, vel cum milites in gentibus barbaris collocati praemio aliquo magno alliciendi essent id quod in colonia Agrippinensi et Lugdunensi et Emeritensi accidisse putat.

Porro Lugdunensi colonia tribui alicui assignata fuerit, necesse erat. Si Caroli Ludovici Grodefend accurata et copiosa eruditio, qua indicem coloniarum Italicarum et municipiorum confecit suis tribubus assignatorum (V. Zimmermann Zeitschrift für Alterthumwissenschaft, 1836, n. 114-118) etiam ad provinciales colonias se extendisset, procul dubio de Lugdunensis coloniae tribu aliquid certi pronuntiare liceret, ut nomen ejus aut teneremus aut usquam inveniri sciremus. Nunc Reinesius rem dubiam reddit, qui Epist. xxxv, Boissievo indice, Lugdunum Stellatinae tribui assignat, auctorem tamen non nominans, ut nescias, utrum vere hoc tribus nomen apud scriptorem veterem vel in monumento aliquo invenerit, an conjectura ductus vel memoriae lapsu ita scripserit. Postremum ad civilem Lugdunensis coloniae statum cognoscendum locus pertinet Strabonis (Geograph. IV, 3, p. 309, ed. stereot. Lips.) qui hanc civitatem genti Segusiavorum praesidere commemorat ΠροκάθηΊαι τοῦ ἔθνους τοῦ Σαιγοσιάνων), et Ptolemaei Geograph. (II, 8. p. 105, ed. stereot.) qui Lugdunum Galliæ Comatae metropolin appellat. Atque haec fere sunt, quae de Lugdunensis coloniæ conditione civili sive statu politico ex veterum scriptorum libris comperta habemus; quibus accedit aliqua munerum et honorum municipalium Lugdunensium notitia ex inscriptionum reliquiis petenda, quas Boissievus cap. V. p. 145 seqq. collegit, docteque illustravit.

Altera via ad ejusdem rei cognitionem supplendam, ut supra significavimus haec est, ut ex universa coloniarum et juris Italici ratione communes conditionis civilis partes enumeremus ed ad veteris Lugduni imaginem repraesentandam adhibeamus. Haec tamen via longinquius abducit, quam nunc pergere vacat, aut libet. Pauca tantum hujus generis et strictim attingere mihi propositum est, eo potissimum consilio, quod jam supra significavi, ut eorum quae nostrates viri docti novissime de his rebus commentati sunt specimina aliqua tecum, vir ornatissime, communicem. De Coloniis in universum (de quarum rationibus Reinius in libro qui inscribitur: Pauly Encyclopaedie der Alterthum Wissenschaft, vol. II, p. 504, sub voce Colonia, et aliorum sententias et suam docte sed summatim exponit) hoc constat, magnam fuisse jurium et conditionis civilis varietatem secundum suam coloniae cujusque condendae legem. Si cives Romani, qui e coloniis civium Romanorum Romam migrarent, inprimis qui honoribus in sua colonia essent functi, quin jus suffragii atque adeo, dummodo conditionibus a lege constitutis communibus satisfacerent, etiam jus honorum habuerint, non est quod dubitemus. Idem igitur de Lugdunensi colonia valuit, et, ut supra vidimus, diserto Imperatoris Claudii testimonio confirmatur. De jure Italico Savinii Commentatio etiam apud vestrates celebratur, quam quam pluribus quae postea accesserunt additamentis optime nunc editam reperies in Savinii Operibus variis (Vermischte Schriften von Friedrich Carl von Savigny, Berlin, 1850, 1 Band. 29 seqq.). Sed tua intererit conferre etiam quae Zumptius op. laud. pag. 482 seqq. de jure Italico commentatus est, qui in nonnullis a Savinio recedit. Quum enim Savinius tres partes juris Italici coloniarum statuat, immunitatis, libertatis et dominii ex jure quiritium: Zumptius binas tantum admittit, immunitatis et libertatis; quae sicui coloniae datae essent, eam his ipsis juribus jus Italicum habuisse censet, dominium ex jure quiritium tertiam partem juris Italici a binis illis alteris discretam aut diversam fuisse negat. Alia ejusdem est observatio, quae ad Lugdunensis coloniae jus Italicum pertinet. E verbis enim Pauli ICti (loco supra laudato (Dig. L. 15, 8, § 3) Laodicea in Syria et Berytus in Phoenice juris Italici sunt et solum earum, hoc colligit, potuisse aliquam civitatem juris Italici etiam hoc modo participem, ut ejus solum per se, a civium juris italici sejunctum, non esset ejusdem juris particeps. In iis coloniis, in quibus non modo civitas sed etiam solum civitatis juris Italici esset, omnes possessores immunitatem habuisse censet, sive coloniae cives essent, sive extranei; idque genus coloniarum cum jure italico in recensu a Paulo Icto facto denotari urbis ipsius nomine. In iis vero coloniis in quibus non etiam civitatis solum sed tantummodo civium universitas juris italici esset, nonnisi cives neque vero extraneos possessores in colonia immunitatis beneficio usos esse; atque hoc alterum coloniarum genus juris italici minus pleni apud Paulum significari non urbis sed civium nomine, eamque causam esse, cur Lugdunenses (non Lugdunum) juris Italici participes dicat.

Ex hac igitur ratione, si omnino admiserimus efficeretur, ut Lugdunum vestrum iis esset coloniis adnumerandum, inquibus immunitas soli cum civibus conjuncta esset, neque per se ipsam, quicumque possessores fuerint sive cives, sive extranei, valeret. Praeter alia, quae de veteris Lugduni conditione scire cupiamus, etiam hoc quaeri potest, an gentem in vicinia habitantem vel ejus saltem partem in potestate sua quadam habuerit, cujus rei Tergestina colonia tam luculentum nobis exemplum suppeditat, ut ex decreto de Fabii Severi honore patet in Delectu Inscriptionum, quem edidi n. 1753. Parem Lugduno potestatem vix attribuam, quum Segusiavi (hoc enim, ut Boissievus (p. 118) comprobavit verum gentis nomen est), in quorum finibus civitas Lugdunensis sita erat, liberi essent, et suam ipsorum civitatem haberent, Quapropter Segusiavorum praesidium, quod Strabo Lugdunensibus attribuit, honoris potius quam potestatis fuisse videtur. Multa alia in Zumptii commentatione tractata invenies de coloniarum militarum deductione, conditione civili, diversis civium et incolarum generibus, quae ad Lugdunum cognoscendum ratiocinando et conjiciendo transferri possunt. Sed hæc longius persequi supersedeo.

Ex iis quae adhuc disputavi vides, vir ornatissime, me ab eorum partibus stare, qui ita sentiunt, Imperatorem Claudium jus honorum et aditum ad senatoriam dignitatem non Lugdunensi coloniae a senatu petiisse, quippe quae hoc jus jam haberet, sed pro iis Galliae Comatae primoribus ex aliis civitatibus praeter Lugdunum, qui civitatem romanam jam essent assecuti, sed jure honorum adhuc carentem. Cur autem tabula orationis Claudianæ Lugduni asservaretur, etiamsi haec colonia plenum civitatis romanae beneficium jam esset assecuta, neque difficile est explicatu et alii jam exposuerunt. Verbo res potest expediri ; factum est quia Lugdunum, ut supra Ptolemaeo teste retulimus, Galliae Comatae metropolis erat (1). Ad jura autem metropolis cujusque inter alia etiam hoc pertinuit, ut leges et edicta ibi publice proponerentur, id quod accuratius docuit Spanhemius de praest. numism. Tom. I, p. 637, cumque sequens Eckel Doctr. num. p. 1. vol. IV, cap. V, de metropolibus ; pag. 281.

Sed haec quidem hactenus ; ad rem ipsam de qua agitur illustrandam parum, ad voluntatem meam comprobandam et ad epistolae mensuram satis. Meliora fortasse daturus eram, si non aliis occupationibus hoc ipso tempore urgerer et muneris quo fungor et partis secundae Enchiridii epigraphici, quod edidi absolvendae ; quem quidem librum ut viri docti in Gallia aequi bonique consulant, vehementer exopto. Heidelbergae die 8 octobris MDCCCLII.

Carolvs Zell.

---

(1) Voilà, certes, une raison fort bonne et qui suffit : j'ajouterai, toutefois, que la Table de Claude a été trouvée non dans la ville romaine de Lugdunum, sur le plateau qui domine, à l'ouest, le confluent du Rhône et de la Saône, mais, au-delà de la Saône, sur la colline St-Sébastien, en dehors de Lugdunum.

*Abbé E. Longin*

BEAUJEU (Rhône)

1913

Lyon.—Imprimerie d'Aimé Vingtrinier, quai St-Antoine, 56.

MEMORIAE

# DELIAE BERNARD MONFALCON

FILIAE DVLCISSIMAE

EGREGIAE FORMAE AC ANIMAE

ERGA DEVM SVOSQVE PIETATE

INSIGNIS

MORVM SVAVITATE INTEGRITATE VITAE

EXORNATAE

IN SOLITVDINE CORDIS ET LVCTV

CONTRA VOTVM SVPERSTES

HVNC LIBRVM DEDICABAT

PATER AETERNO MOERENS

IOANNES BAPTISTA MONFALCON

VIXIT ANNOS XXVII MENS · IV

OBIIT A · MDCCCLI XIX KAL · IAN ·

XXIII D · PVERPERA

# A M. KARL ZELL,

PROFESSEUR A L'UNIVERSITÉ DE HEIDELBERG.

MONSIEUR,

E permettrez-vous une courte justification? elle n'est que trop fondée, veuillez l'accueillir avec bonté.

Si vous jetez les yeux sur la page qui précède cette lettre, vous connaîtrez la raison du retard involontaire que j'ai mis à vous envoyer la Monographie de la Table de Claude, hommage auquel vous aviez un droit particulier; c'est à vous, en effet, que l'archéologie est redevable du premier et du meilleur écrit qui ait encore paru sur le bronze de Lyon. Vos recherches ne se sont point arrêtées à cette publication; je retrouve le discours de l'empereur Claude dans votre excellent Manuel d'Epigraphie romaine. Vous prenez grand intérêt à ce qui s'est fait en France sur ce sujet, et vous vous informez avec sollicitude des travaux récents dont la célèbre Table a été l'objet.

Un cruel événement m'a ôté, pendant plusieurs mois, la pensée de m'occuper du bronze dont vous m'entretenez. J'avais une fille qui était ma joie et mon orgueil; cette fille bien-aimée, je ne l'ai plus: elle a rendu son dernier soupir entre mes bras, le dimanche 14 décembre 1851, à trois heures et demie du matin. Ma Délie avait à peine vingt-sept ans et quatre mois. L'idée que je pouvais la perdre ne s'était jamais présentée à mon esprit; n'était-elle pas l'expression la plus saisissante, comme la plus heureuse, de la force et de la santé? Son angélique visage respirait la sérénité, et il y avait dans son sourire un charme qu'on ne pouvait définir. Ma Monographie de la Table de Claude a été écrite auprès d'elle, sous son regard, et, si je puis parler ainsi, dans son atmosphère: combien de fois ne lui ai-je pas lu, pendant les longues soirées d'hiver, la page que je venais d'ébaucher, et que de bonheur j'éprouvais à la voir au travers des piles de livres qui encombraient mon bureau! Quand nos yeux se rencontraient, fatiguée par plusieurs heures d'étude, ma tête se sentait dégagée, et, du plus loin que j'entendais sa voix, j'étais heureux. Les mères enviaient pour leurs filles l'inaltérable fraîcheur de ses joues, le noir de jais de ses cheveux, la limpidité de son regard ou la beauté de ses yeux; et moi je leur disais: elle a quelque chose de bien mieux encore, c'est sa bonté, c'est l'innocence de l'enfant qui sourit à sa mère pour la première fois, c'est sa naïveté, ce sont ses vertus, c'est la complète ignorance de tous les avantages que vous lui reconnaissez.

Je ne savais pas combien je l'aimais; ce qu'elle m'était, je ne l'ai appris que plusieurs mois après l'avoir perdue. Il m'a semblé longtemps que j'étais sous l'action d'un abominable cauchemar, que cette oppression de mon âme cesserait, et qu'à mon réveil je retrouverais auprès de moi ma fille souriante et rose comme toujours. Quand il a fallu me résoudre à la certitude de sa mort, j'ai senti autour de moi et en moi un vide affreux; cette séparation cruelle, je l'ai subie, mais je ne m'y suis pas résigné. Il fallait cependant me reprendre à quelque chose; je l'ai désiré, mais quand j'essayais du travail, ma ressource ordinaire, le livre ou la plume tombait de ma main, et mes souvenirs me reportaient aussitôt aux derniers moments de ma fille, lorsque, serrant ma main de sa main défaillante, elle me disait d'une voix éteinte et cependant si douce et si vivante encore dans mon oreille émue: « Mon père, je voudrais bien ne pas mourir! » Pauvre enfant, nous l'aimions tant! peut-on mourir quand on est ainsi adoré et qu'on a en soi une si grande puissance d'organisation et de vie! Mais Dieu la voulait.

Si j'avais été peintre, je n'aurais pas cédé à l'habile pinceau de Madame Bonnefond le bonheur d'embellir une toile de son portrait; sculpteur, je me serais inspiré d'elle, comme Legendre-Hérald s'inspirait de sa fille; poète, je l'aurais chantée de même que Byron a chanté son Adda; écrivain de talent, j'en aurais employé toute la puissance pour donner au nom de mon enfant, la durée que la Providence refusait à sa vie. Combien je comprends maintenant le désespoir de Cicéron, lorsqu'une mort semblable à celle qui m'a privé de ma fille lui eut enlevé Tullia! combien je sens la vérité de ces paroles du père désolé à son ami Atticus: *In hac solitudine careo omnium colloquio; quumque mane me in silvam abstrusi densam et asperam, non exeo inde ante vesperum. Secundum te nihil est mihi amicius solitudine. In ea mihi omnis sermo est cum literis. Eum tamen interpellat fletus!...* Dans l'excès de sa douleur, Cicéron se proposait d'ériger un temple à sa fille; je ne le blâme point; et moi aussi, je voudrais bien élever un monument impérissable en l'honneur de l'enfant que j'ai perdu. Je n'ai plus cette Délie qui tenait une si grande place dans mon existence, mais du moins je lui dédierai cet écrit, heureux d'une occasion quelconque de parler d'elle encore; heureux de rattacher à sa mémoire le moins imparfait de mes travaux, et, de la main qui l'a bénie à son lit de mort, pour le bonheur qu'elle m'a donné pendant vingt-sept ans, d'inscrire son nom aux premières pages d'un livre, mon enfant aussi, dont la fortune, quelle qu'elle soit, est désormais associée à son souvenir.

C'était du bronze de Lyon que je voulais vous entretenir, et je ne vous parle que de ma peine; mais je suis père, savant M. Zell, et j'ai le cœur brisé.

Votre dévoué à toujours,

MONFALCON.

Lyon, 1<sup>er</sup> juillet 1853.

Cette édition de la Monographie de la Table de Claude a été précédée par une édition officielle, imprimée, en 1851, au nom et aux frais de la ville de Lyon, et qui, donnée en totalité par M. le Maire, n'a pas reçu, en quelque sorte, de publicité. Il y a cependant, dans ce travail, des opinions et des faits de nature à présenter quelque intérêt aux personnes qui s'occupent des origines de Lugdunum : l'étude de Lyon, pendant le premier âge de cette cité, est tout entière dans cet écrit, il doit donc être accessible à tous. Une publication partielle de la Monographie a eu lieu dans la Revue du Lyonnais; on ne trouve, dans les articles que ce Recueil a insérés, ni le Commentaire ni la plus grande partie des notes; enfin ils ne contiennent pas les deux versions du discours de l'empereur Claude. Ainsi, une édition nouvelle, complète, et soigneusement revue, pouvait ne pas être entièrement inutile.

Pour être fidèle au titre de Monographie, et pour faire connaître aux archéologues un ouvrage qui n'est peut être pas assez répandu, j'ai cru devoir placer, à la suite de mon travail, la très-bonne dissertation de M. le professeur Charles Zell. Animé du désir d'être le plus exact et le plus complet possible, j'ai étendu quelques considérations qui n'avaient point été suffisamment développées, et soumis à une discussion motivée quelques écrits sur le bronze de Lyon, dont des motifs mal appréciés de convenance, m'avaient interdit, non seulement l'examen, mais même la lecture. Il était donc possible d'améliorer le texte ; je me suis efforcé d'y parvenir. Cependant, l'édition municipale conserve son caractère monumental et un avantage particulier; seule elle possède les six planches qui reproduisent intégralement l'inscription gravée sur le bronze de Lyon ; destinée plus spécialement aux archéologues, celle-ci n'a qu'un fac simile très-fidèle, il est vrai, et qui suffit pour donner une juste idée du monument (1).

L'édition municipale, en un volume in-folio atlantique, a été tirée au nombre de cent exemplaires, enrichis de six grandes planches qui reproduisent, avec la plus consciencieuse exactitude, le célèbre discours de l'empereur Claude. Ils ont été offerts par M. Edouard Réveil, maire de Lyon, à Sa Sainteté le pape Pie IX; aux reines d'Angleterre, d'Espagne et de Portugal; aux empereurs de Russie et d'Autriche; aux rois de Prusse, de Saxe, de Naples, de Bavière et de Piémont; au Grand-Duc de Toscane, au Prince-Président de la République, aux Ministres de Louis-Napoléon Bonaparte, ainsi qu'à quelques autres hauts fonctionnaires, à l'Académie des Inscriptions et Belles-Lettres, à MM. Naudet, Lajard, Reinaud, Mérimée, Philippe Lebas et Vitet, de l'Institut, et aux principales Bibliothèques publiques de l'Europe. A Lyon, le même hommage a été adressé, par M. le Maire, à Mgr le Cardinal-Archevêque, à M. le Préfet du Rhône, à M. le général de Castellane, commandant la division ; à M. Gilardin, procureur-général ; à MM. Bonnardet, Menoux, baron de Polinière, et Grégorj, de l'Académie ; à MM. les abbés Jolibois, curé de Trévoux, Christophe, curé de Fontaines, Greppo, vicaire-Général à Belley, Boué, curé d'Ainay, ainsi qu'à MM. d'Aigueperse, de Chaponay,

---

(1) Un tiré à part, en très-grand papier, des additions qui ont été faites à la réimpression, sera donné aux possesseurs de l'édition municipale.

Seriziat, Benoît, Cailhava, Yéméniz; Perrin, typographe; Ramboz, imprimeur en taille-douce, et Déchaud, graveur. La Monographie de la Table de Claude a été enfin déposée aux Archives de la Mairie et de la Préfecture, et dans les Bibliothèques de la ville, du Palais-des-Arts, du Lycée et de la Faculté des Lettres : peut-être est-il convenable de rendre ainsi compte de la répartition d'un grand ouvrage, qui a été imprimé aux frais des contribuables. Rendre un service signalé à l'archéologie et honorer le berceau de la ville de Lyon, tel a été le but de cette publication qu'on a considérée à bon droit comme une œuvre nationale.

Les puissances étrangères ont gracieusement accueilli la lettre et l'hommage de M. le Maire ; à cette occasion de très-beaux présents, en livres, ont été faits aux deux Bibliothèques, et d'autres encore sont annoncés. M. Reveil a reçu, de Sa Sainteté, l'honorable lettre suivante :

### PIUS, PP. IX.

« Dilecto fili, salutem et apostolicam benedictionem. Accepimus litteras tuas die vigesimo quinto octobris proximi datas, « eximiis tuæ in nos filialis observantiæ ac devotionis sensibus distinctas, quibus magnificum Monographiæ exemplar Tabulæ « Imperatoris Claudii, istic magno sumptu, curante clarissimo viro Monfalcon, Lugdunensis istius bibliothecæ præfecto, no- « vissime typis impressum, dono nobis offerre voluisti. Quo de munere meritas tibi, dilecte fili, persolventes gratias de studio « una simul tecum gratulamur, quod in edendo celebratissimo patrio eodem monumento adhibuisti. Et grati hujus in te animi « nostri pignus, omnisque auspicem doni cœlestis esse cupimus apostolicam benedictionem, quam ipse tibi, dilecte fili, eidem- « que bibliothecario Monfalcon, intimo paterni cordis affectu amanter impertimur. »

Datum Romæ apud S. Petrum, die 15 novembris, anni 1851. Pontificatus nostri anni VI.

PIUS PP. IX.

Toulouse, une des villes principales de la Gaule narbonnaise, a fait bon accueil à l'hommage qu'elle recevait de la part de l'ancienne métropole des Gaules ; M. Benech, professeur de droit romain, a lu, à l'Académie de cette ville, des observations sur la Monographie de la Table de Claude. Une des principales a pour objet de combattre cette opinion qu'au temps de cet empereur, les habitants de Lugdunum, colons romains, possédaient les droits politiques de suffrage et d'éligibilité aux honneurs. J'ai reproduit intégralement les objections de M. Benech et soumis cette question si importante à un examen nouveau et approfondi. M. Grégorj, qui possédait si bien la science difficile du droit gallo-romain, partageait entièrement ma manière de voir ; il a revu avec un soin extrême toutes les pages de l'édition municipale et donné une attention particulière au chapitre qui traite de la condition politique des habitants de Lugdunum. Sa mort si regrettable me prive de ses conseils dans un moment où ils m'auraient été bien utiles ; l'obligeant concours de M. le professeur Charles Zell diminuera cet inconvénient.

En consentant à la publication, par la gravure, d'un monument antique de la plus haute importance pour l'histoire, M. le Maire de Lyon a donné aux administrateurs des grandes villes un exemple qu'ils ont intérêt à imiter et qu'on ne saurait trop encourager. Il a fourni à des artistes lyonnais une précieuse occasion de bien faire, et augmenté la Bibliographie de notre cité d'un livre qui y tiendra, par sa belle exécution typographique, un rang distingué.